CONSEILS AU PEUPLE

PAR UN INCONNU

Si la France demeure dans les voies
révolutionnaires, elle périra.

PRIX : 10 CENTIMES

PARIS

GIRAUD, LIBRAIRE-ÉDITEUR

RUE GUÉNÉGAUD, 24

Mai 1849

MES AMIS,

Celui qui se permet de vous donner ces conseils est le fils d'un ouvrier, et sa jeunesse a été bien laborieuse.—Élevé dans les écoles du peuple, il n'a point appris à orner sa parole. — Elle sera donc simple et franche. — Cependant ces conseils, il ne l'ignore point, ne seront pas bien reçus par tous. Il est dans les diverses classes de la société des hommes méchants et passionnés, toujours rebelles à la vérité ; mais heureusement, malgré tout le zèle qu'on met à pervertir l'intelligence du peuple, les hommes de bonne foi, ceux dont l'âme s'ouvre toujours aux idées d'ordre, de justice et de dévouement, sont encore fort nombreux. C'est à ceux-là que je m'adresse.

CONSEILS
AU PEUPLE

I.

Comment il faut agir avec les révolutionnaires.

Lorsque vous avez à traiter une affaire importante avec un homme que vous ne connaissez point, vous fiez-vous, sans examen, à ses paroles? Non. — Vous prenez des précautions, afin de n'être pas trompé, et vous n'avez pas tort; et si vous apprenez que cet homme soit indigne de votre confiance vous le repoussez, et en agissant ainsi vous avez encore raison. — Hé bien, mes amis, lorsqu'il est question des destinées suprêmes de la patrie, de notre avenir et de l'avenir de nos enfants, pourquoi ne tiendrions-nous pas la même conduite? — Voyons! en voici qui, sous prétexte de tout reconstruire, veulent tout démolir. Avons nous envie de nous exposer à coucher à la belle étoile? — Sans doute les paroles de ces gens-là sont belles. Ils nous promettent des merveilles; mais, avant de les écouter, demandons-nous si nous voulons, sans les connaître, leur livrer la religion, la famille et la propriété. — Et d'abord, vous tous, messieurs les inventeurs d'une société nouvelle, qui prétendez que l'Évangile de Jésus-Christ, notre maître à tous, ne nous suffit plus, qui êtes-vous? — Vous, vous êtes un homme perdu de dettes qui n'aurez jamais les voix de votre bottier ni de votre tailleur. — Vous? un ambitieux sans talent. — Vous? un vaniteux qui voudriez bouleverser le monde pour vous y faire une bonne place. — Vous? un homme sans foi ni mœurs qui avez abusé, comme d'un jouet, de plus d'une jeune fille de ce peuple que vous encensez. — Je n'en finirais pas, mes amis, si je voulais vous faire le portrait de tous ces masques qui passent devant nous.

II.

Suite du même sujet.

Savez-vous, mes amis, ce que je voudrais ? — Je voudrais que toutes les fois qu'un homme prétendrait se hisser aux premières places en se servant des fortes épaules du peuple, le peuple lui dit : Mon beau monsieur, les paroles ne coûtent rien, et trop souvent, hélas ! ceux qui les prononcent les oublient bien vite. Ainsi, veuillez nous dire plutôt où sont vos œuvres. — Quels établissements avez-vous fondés en faveur du peuple ? — Où sont les crèches, les salles d'asile, les ouvroirs qui vivent de vos dons et de votre appui ? — Allez-vous souvent, non dans les clubs et dans les banquets, cela est facile et cela fait du bruit; mais dans ces maisons obscures, tristes, délabrées où habitent les malheureux ? — Allez-vous souvent sécher les larmes de ces pauvres abandonnés, prenez-vous leurs jeunes enfants sur vos genoux pour les caresser et leur dire quelques bonnes paroles ? — Mon Dieu, monsieur, faudrait-il ajouter, nous ne vous questionnerions pas ainsi si vous étiez modeste; mais ce qui nous donne cette liberté, c'est que nous n'ignorons point que l'humilité n'est pas votre vertu favorite. — Pour toute réponse, le grand parleur des intérêts populaires serait bien capable de vous tourner le dos et de vous laisser là. — Dans ce cas, vous pourriez lui dire : Bon voyage, monsieur ; et si tout le monde faisait comme vous, il ne trouverait plus de dupes, et la race des charlatans politiques finirait enfin.

III.

Comment se font les révolutions.

Vous souffrez beaucoup des révolutions, mes amis, mais peut-être ne connaissez-vous pas bien comment elles se font. L'avocat Ledru-Rollin va vous l'apprendre. Voici comment il s'est exprimé à ce sujet devant la haute cour de Bourges :

« Croyez-vous donc que les révolutions se fassent

« en disant le mot pour lequel elles se font ? Non ;
« on s'empare de toutes les circonstances qui peuvent
« émouvoir l'opinion publique, et, à l'aide d'un TOUR
« DE MAIN, on renverse le gouvernement. »

Ne dirait-on pas que nous venons d'entendre un
escamoteur, et la France ne semble-t-elle point se
transformer en muscade entre les mains de M. Ledru-Rollin, qui nous fait ici l'effet d'un véritable
joueur de gobelets. — Tout cela serait bien risible si
ce n'était profondément triste. — Oh ! oui, c'est bien
triste, et celui qui aime son pays, si puissant, si
glorieux autrefois, a le cœur navré en le voyant ainsi
le jouet des révolutionnaires. — Il y a des moments
même où la France, ce nid de guerriers, comme on
l'a dit, nous paraît lâche, oui, lâche ; car enfin, que
faisons-nous tous, si ce n'est courber la tête sous le
joug que nous imposent les démagogues de la capitale.
— Le télégraphe s'agite. Qu'y a-t-il ? — On se bat à
Paris. — Aussitôt la consternation est sur toutes les
physionomies. Que va-t-il advenir ? se demande-t-on.
Cela dit, on se croise les bras et on attend avec
anxiété. — Nouvelle dépêche : on se bat encore. Oh !
mon Dieu, où allons-nous ? — On se couche, on ne
dort point. — Le lendemain on s'aborde en trem-
blant. Où en sommes-nous ? — Le gouvernement est
renversé. — Aussitôt la peur pâlit toutes les figures

et ferme toutes les âmes. Les autorités fuient lâche-
ment de tous côtés et laissent le pays à la merci de quelques hardis anarchistes. De résistance, il n'en est pas
même question. Bientôt des commissaires nous ar-
rivent de Paris. A leur voix les tambours battent; la
grosse caisse, le chapeau chinois, le cornet à pistons,
et que sais-je encore, se réunissent et remplissent
l'air du chant de la *Marseillaise*. On fait aussi les
frais de quelques lampions et d'une certaine quantité
de poudre. Pour couronner l'œuvre, M. le commissaire extraordinaire vient vous dire ironiquement,
en un français aussi extraordinaire que lui : « Voici
un gouvernement de votre choix, vous l'avez fondé,
la France l'a voulu, et sa volonté souveraine a été
obéie. » Puis on tire le rideau et la farce est jouée.
— Mais, monsieur, seriez-vous tenté de dire, on ne
nous a pas consultés, nous dormions peut-être quand
vous avez fait votre gouvernement, on dispose de
nous comme d'un troupeau de moutons. — Dieu
vous garde de parler ainsi, vous seriez terriblement
audacieux, si audacieux, par ma foi, que vos amis
vous renieraient peut-être, et vous pourriez bien aussi
être jeté en prison. Il est vrai que ce serait au nom
de la liberté, ce qui ne laisse pas que d'être fort
consolant.

IV.

A qui profitent les révolutions.

Après une révolution, vous vous sentez toujours les poches plus légères, n'est-ce pas? — Le travail s'arrête, toutes les sources de la richesse et du bien-être semblent se tarir. Les impôts augmentent d'une manière effrayante; mais aussi, il faut en convenir, on a le plaisir de voir arriver au pouvoir les Ledru-Rollin, les Flocon, les Caussidière, et tant d'autres illustres. Ces messieurs se partagent la France comme une proie, et de crainte qu'elle ne veuille leur échapper, ils grossissent leur voix pour lui faire peur. Puis ils s'installent qui au parc de Monceaux, qui au Luxembourg; ceux-ci aux Tuileries, ceux-là à l'Hôtel-de-Ville, et partout on mange bien et on boit de même. On n'oublie point, pour contenter les frères et amis de destituer en masse. C'est une véritable razzia de fonctionnaires. Heureux dans ces jours-là qui peut dire : Moi, dans telle émeute, j'ai tué tant de municipaux; moi, de ma croisée, j'ai abattu tant de soldats; moi, je n'ai jamais cessé de conspirer; et tant d'autres belles choses. — Aussi ne soyez pas étonné, si au milieu de cette masse indisciplinée qui s'abat sur le pays, se détache un nom sinistre, celui du commissaire Riancourt, cet assassin qui du pouvoir est passé au bagne. — Pendant que tout ceci se fait, l'argent disparaît, le trésor s'épuise. Alors l'un propose la banqueroute, l'autre veut tripler les impôts. — Enfin, après des débats orageux, on daigne ne nous demander que les fameux 45 centimes. Merci, messieurs, aussi bien puisque vous y étiez, et que nous vous laissions faire, pourquoi vous gêner?

Pour terminer ce chapitre, voulez-vous que je vous résume, en chiffres, deux révolutions? Voici :

Sous Charles X nous payions.   .   950 millions,

Sous Louis-Philippe nous sommes allés jusqu'à. . . . . 1700 millions.

La république a voulu renchérir encore, c'est naturel.

Que serait-ce, grand Dieu, si la *démocratique et sociale* nous arrivait, surtout maintenant que la fameuse banque Proudhon est vide?

V.

De la liberté révolutionnaire.

Les démagogues font leurs révolutions au nom de la liberté, et cependant ils ne connaissent que la force brutale. — Jamais on n'a été plus esclave que sous le règne des révolutionnaires. La France a gardé le souvenir abhorré de leur domination et l'a caractérisée par ce mot terrible : *la Terreur.* — « Ce ré-« gime abominable, écrivait Benjamin Constant, n'a « point, comme on l'a dit, préparé le peuple à la li-« berté; il l'a préparé à subir un joug quelconque; « il a courbé les têtes, mais en dégradant les esprits, « en flétrissant les cœurs. »

Ils osent invoquer le saint nom de la liberté, les malheureux ! et ils ne peuvent supporter une pensée contraire à la leur. Toute opposition les rend furieux, et ils en appellent aussitôt au bourreau. — Pour eux, la liberté, savez-vous ce que c'est? C'est le règne du mal.

VI.

De l'égalité révolutionnaire.

Défiez-vous de celui qui prêche l'égalité. Regardez s'il cherche à se mettre au niveau des plus petits. Non, mes amis, il aspire à monter.

L'égalité est une chimère, Dieu ne l'a point voulue : elle n'est nulle part dans le monde, et c'est précisément ce qui en fait la beauté et l'harmonie. — Que serait la terre si les montagnes s'affaissaient au niveau des plaines ; et si les forêts majestueuses rentraient dans la poussière pour s'égaliser au gazon ? — La terre, n'est-ce pas, serait nue, désolée, inhabitable ; et les eaux désormais sans barrière, s'élançant des abîmes, bouleverseraient ce pauvre monde délaissé et maudit de Dieu.

Il en serait de même, mes amis, des sociétés humaines, si toute supériorité disparaissait : nul n'aurait le droit de commander. Tous refuseraient d'obéir ; et l'anarchie, mais une anarchie effroyable, engloutirait toute civilisation.

D'ailleurs, mes amis, contrairement à ce que nous

disent les révolutionnaires, considérons un peu la vie en chrétien, et mettons-nous bien dans la tête que jamais l'homme ne trouvera ici-bas la félicité parfaite. — Vraiment, messieurs les démagogues nous traitent comme des brutes. A les entendre, on dirait que nous n'avons été jetés sur la terre que pour boire et manger. Hé! messieurs, quand nous aurons bien bu et bien mangé, toute douleur aura-t-elle disparu? — Comment! si je perds une mère, vous croyez que les joies de la terre seront les mêmes pour moi, et que je ne verserai plus de larmes parce que ma table sera bien servie. Ah! mes amis, que je donnerais de grand cœur tout ce qu'un rude labeur m'a procuré, pour rendre la vie à ceux que j'ai aimés. J'embrasserais avec bonheur la vie errante du mendiant, si je devais en rentrant dans mes pauvres foyers y rencontrer ceux que je pleure.

Croyez-le, mes amis, tous les enfants d'Adam sont esclaves de la souffrance; et les demeures somptueuses des riches recèlent quelquefois des douleurs dont vous n'avez pas même l'idée.

VII.

Suite du même sujet.

Mais ceux qui ont intérêt à vous irriter, à vous pousser à la destruction de tout ce qui est, ne vous parlent pas ainsi. Comme Satan, ils fouillent dans les profondeurs de nos âmes pour y retrouver toutes les mauvaises passions : ils excitent notre envie, nos haines, nos colères. Ils nous montrent, en les exagérant, nos souffrances ; et en même temps ils font luire à nos yeux la prétendue félicité des riches. Voyez, nous disent-ils, ces beaux châteaux, ces belles terres : tout cela sera à vous, si vous nous écoutez. — Mais de quel droit, dites, tout cela sera-t-il à nous ? — La propriété est sacrée, celle du riche comme celle du pauvre, et malheur à la nation qui la laisse attaquer dans son sein : elle périra. — Dès que le plus grand pourra être spolié, le plus petit sera ébranlé dans la possession de sa chaumière. Alors vous verrez le droit de la force dans toute son horreur : *Cela me convient, je le prends; tu le défends, je te tue.* — Bientôt, comme ces chiens qui se disputent un os, nous nous jetterons les uns sur les autres, et nous arroserons de notre sang cette terre qui ne voulait que nos sueurs.

Pendant ce temps, ceux qui auront des capitaux, et de l'intelligence, fuiront cette patrie maudite où la mort les menace sans cesse; et le sol pour être à tous ne sera à personne. Alors nous aurons l'égalité, oui, mais l'égalité du sauvage.

VIII.

Encore le même sujet.

Continuons donc, mes amis, notre vie laborieuse, et à défaut de fortune, laissons du moins, à nos enfants, une réputation sans tache. Sans doute il nous est permis de chercher à améliorer notre position, et d'aspirer au bien-être; sans doute il y a beaucoup à faire dans nos sociétés; mais n'oublions point que la violence ne fonde rien, et qu'en défendant nos droits nous devons respecter ceux des autres.

Pour en finir, mes amis, sur cette question, rappelons-nous qu'il n'y a qu'une véritable supériorité : celle de la vertu, et dans quelque position que vous vous trouviez, vous ressentirez une noble fierté, lorsque votre conscience pourra vous rendre ce témoignage ; qu'au milieu de tous les périls et de toutes les tentations, vous avez conservé votre dignité d'homme. — Croyez-vous que je n'estime pas autant que le plus grand, cet ouvrier modeste qui, au milieu des labeurs les plus rudes, a su élever dignement une famille qui sera la joie et comme la couronne de ses vieux jours.

———

IX.

De la fraternité révolutionnaire.

Fraternité : Vous avez vu ce mot évangélique briller au fronton de tous nos monuments et sur les drapeaux de nos légions ; mais c'étaient les révolutionnaires qui l'avaient écrit, et pour eux la Fraternité s'était vite transformée en haine féroce. Vous savez comment cette haine éclata dans les funèbres journées de Juin.

Vous êtes tombés, soldats obscurs de l'ordre, sous des balles fratricides !

Vous ! vous aviez quitté tristement votre village, vous aviez pleuré en embrassant vos vieux parents ; mais bientôt votre tête s'était relevée : vous alliez servir la France et vous en étiez fier. C'est un Français qui vous a couché sur le pavé. — Vous ne le reverrez plus, vieux parents ! douce fiancée ! Il est mort, le jeune laboureur, mort pour la société.

Vous ! jeune ouvrier, l'armée vous avait enlevé à votre atelier ; mais de grand cœur vous aviez renoncé à la liberté : il s'agissait de vous dévouer à la patrie. Qui vous aurait dit que des ouvriers, vos frères, rougiraient la terre de votre sang. — Hélas ! c'en est fait de vos projets de retour. Non, votre famille n'entendra plus votre voix aimée ; et l'atelier ne retentira plus de vos chants joyeux. Il est mort, le jeune ouvrier, mort pour la société.

Et vous tous, gardes nationaux, époux adorés, fils chéris ! le matin on vous avait vus, pleins de santé, quitter vos familles éplorées. Bientôt le bruit terrible du canon avait augmenté leurs angoisses, mais l'espérance était encore au fond de leurs âmes. — Pourquoi prêtez-vous ainsi l'oreille, jeune femme, à ce bruit de pas? Tout est fini pour vous! pleurez! pleurez! revêtez des vêtements de deuil. Vous n'embrasserez plus celui dont l'amour vous a donné ces pauvres petits enfants qui appellent en vain leur père. — Et vous, vieille mère, cessez les apprêts du repas du soir. Hélas! il ne s'assiéra plus à vos côtés, ce fils tant aimé. Il ne se jettera plus dans vos bras tremblants; il est couché là-bas au pied d'une barricade?... Arrachez vos cheveux blancs, remplissez la maison de vos gémissements; celui qui était votre joie, votre orgueil, votre vie, vous l'avez perdu pour toujours.

Ils sont tombés tous pour la société : nobles et bourgeois, généraux et soldats. Ils sont tous morts en héros; mais malheur! ils sont morts de la main de leurs frères.

Vous parlerai-je encore de ces vaillants généraux qu'avaient épargnés vingt batailles, et qui tombèrent sous des balles françaises. Non, le courage me manque, et mes yeux se mouillent de larmes, en pensant aux tortures du vieux Bréa et du capitaine Mangin. — Et vous, saint archevêque de Paris, victime angélique qui avez tant prié pour que votre sang fût le dernier versé, vous êtes tombé, vous aussi, sous les balles des assassins.

Et ces barbares qui ont ainsi souillé les annales de la France, osaient nous parler de Fraternité.

X.

Ils osent réhabiliter Robespierre, Marat et tous les monstres de la Terreur.

Qui aurait dit qu'un jour viendrait où l'on aurait le cynisme de faire l'apothéose de ces brigands dont les victimes se comptent par centaines de mille. — Devant eux, rien ne trouvait grâce : ni le sexe, ni la beauté, ni l'âge.

« Pour l'exécution de la loi des suspects, du « 21 septembre 1793, plus de cinquante mille co-« mités révolutionnaires furent installés sur la sur-« face de la France. D'après les calculs du conven-« tionnel Cambon, ils coûtaient annuellement cinq « cent quatre-vingt-onze millions (assignats). Cha-« que membre de ces comités recevait trois francs « par jour, et ils étaient cinq cent quarante mille :

« c'étaient cinq cent quarante mille accusateurs
« ayant droit de désigner à la mort. A Paris seule-
« ment, on comptait soixante comités révolutionnai-
« res ; chacun d'eux avait sa prison pour la détention
« des suspects (1). »

Écoutez le girondin Riouffe. Voici quelques
extraits de ses *Mémoires d'un détenu* :

« Les femmes les plus belles, les plus jeunes, les
« plus intéressantes, tombaient pêle-mêle dans ce
« gouffre (l'Abbaye), dont elles sortaient pour aller,
« par douzaine, inonder l'échafaud de leur sang.

« On eût dit que le gouvernement était dans les
« mains de ces hommes dépravés qui, non contents
« d'insulter au sexe par des goûts monstrueux, lui
« vouent encore une haine implacable. De jeunes
« femmes enceintes, d'autres qui venaient d'accou-
« cher, et qui étaient encore dans cet état de fai-
« blesse et de pâleur qui suit ce grand travail de la
« nature, qui serait respecté par les peuples les plus
« sauvages ; d'autres dont le lait s'était arrêté tout
« à coup, ou par frayeur, ou parce qu'on avait arra-
« ché leurs enfants de leurs sein, étaient jour et
« nuit précipitées dans cet abîme. Elles arrivaient

(1) Châteaubriand, Préface des *Etudes historiques*.

« traînées de cachots en cachots, leurs faibles mains
« comprimées dans d'indignes fers : on en a vu qui
« avaient un collier au cou. Elles entraient, les unes
« évanouies et portées dans les bras des guichetiers
« qui en riaient, d'autres en état de stupéfaction qui
« les rendait comme imbéciles. Vers les derniers
« mois surtout (avant le 9 thermidor), c'était l'acti-
« vité des enfers : jour et nuit les verrous s'agitaient ;
« soixante personnes arrivaient le soir pour aller à
« l'échafaud le lendemain ; elles étaient remplacées
« par cent autres, que le même sort attendait le
« jour suivant.

« Quatorze jeunes filles de Verdun, d'une candeur
« sans exemple, et qui avaient l'air de jeunes vierges
« préparées pour une fête publique, furent menées
« ensemble à l'échafaud. Elles disparurent tout à
« coup, et furent moissonnées dans leur printemps.
« La cour des femmes avait l'air, le lendemain de
« leur mort, d'un parterre dégarni de ses fleurs par
« un orage. Je n'ai jamais vu parmi nous de déses-
« poir pareil à celui qu'excita cette barbarie.

« Vingt femmes du Poitou, pauvres paysannes
« pour la plupart, furent également assassinées en-
« semble. Je les vois encore ces malheureuses victi-
« mes ; je les vois étendues dans la cour de la Con-
« ciergerie, accablées de la fatigue d'une longue
« route et dormant sur le pavé... Au moment d'aller

« au supplice, on arracha du sein d'une de ces in-
« fortunées un enfant qu'elle nourrissait, et qui, au
« moment même, s'abreuvait d'un lait dont le bour-
« reau allait tarir la source. O cris maternels, que
« vous fûtes aigus ! mais sans effet... Quelques fem-
« mes sont mortes dans la charrette, et on a guillo-
« tiné leurs cadavres. N'ai-je pas vu, peu de jours
« avant le 9 thermidor, d'autres femmes traînées à
« la mort? Elles s'étaient déclarées enceintes... Et
« ce sont des hommes, des Français, à qui leurs
« philosophes les plus éloquents prêchent depuis
« soixante années l'humanité et la tolérance!........
« Déjà un aquéduc immense, qui devait voiturer du
« sang humain, avait été creusé à la place Saint-
« Antoine. Disons-le, quelque horrible qu'il soit de
« le dire, tous les jours le sang humain se puisait
« par seaux, et quatre hommes étaient occupés, au
« moment de l'exécution, à les vider dans cet aqué-
« duc.

« C'était vers trois heures après midi que ces lon-
« gues processions de victimes descendaient au tri-
« bunal, et traversaient lentement sous de longues
« voûtes, au milieu des prisonniers qui se rangeaient
« en haie pour les voir passer avec une avidité sans
« pareille. J'ai vu quarante-cinq magistrats du par-
« lement de Paris, trente-trois du parlement de
« Toulouse, allant à la mort du même air qu'ils

« marchaient autrefois aux cérémonies publiques ;
« j'ai vu trente fermiers généraux passer d'un pas
« calme et ferme ; les vingt-cinq premiers négo-
« ciants de Sédan plaignant, en allant à la mort, dix
« mille ouvriers qu'ils laissaient sans pain... J'ai vu
« tous ces généraux que la victoire venait de cou-
« vrir de lauriers qu'on changeait soudain en cy-
« près ; enfin tous ces jeunes militaires si forts, si
« vigoureux... ils marchaient silencieusement... ils
« ne savaient que mourir. »

XI.

Écoutez maintenant, sur le même sujet, le répu-
blicain Prudhomme, qui certes n'est pas suspect de
partialité :

« La mission de Lebon dans les départements
« frontières du nord peut être comparée à l'appari-
« tion de ces noires furies si redoutées dans les temps
« du paganisme... »

Ce Lebon était aussi lubrique que féroce. Un jour,

une femme vint le supplier de lui rendre son mari.
— Il promit de le lui rendre, à la condition qu'elle se
livrerait à lui. — Après avoir abusé de cette femme
anéantie par le désespoir, il fit mourir devant elle
cet époux à qui elle venait de sacrifier plus que la
vie. — Ce crime atroce, qui fait frissonner d'horreur, se renouvelait si souvent, d'ailleurs, que
Prudhomme dit qu'on ne saurait en fixer le nom-
bre.

Carrier à Nantes :

« Environ quatre-vingts femmes extraites de l'en-
« trepôt, traduites à ce champ de carnage, y furent
« fusillées ; ensuite on les dépouilla, et leurs corps
« restèrent ainsi épars pendant trois jours.

« Cinq cents enfants des deux sexes, dont les plus
« âgés avaient quatorze ans, sont conduits au même
« endroit pour y être fusillés. Jamais spectacle ne
« fut plus attendrissant et plus effroyable ; la peti-
« tesse de leur taille en met plusieurs à l'abri des
« coups de feu ; ils délient leurs liens, s'éparpillent
« jusque dans les bataillons de leurs bourreaux,
« cherchent un refuge entre leurs jambes, qu'ils em-
« brassent fortement, en levant vers eux leur visage,
« où se peignent à la fois l'innocence et l'effroi. Rien
« ne fait impression sur ces exterminateurs ; ils les
« égorgent à leurs pieds. »

Noyades à Nantes :

« Une quantité de femmes, la plupart enceintes,
« et d'autres pressant leur nourrisson sur leur sein,
« sont menées à bord des gabares... Les innocentes
« caresses, le sourire de ces tendres victimes ver-
« sent dans l'âme de ces mères éplorées un senti-
« ment qui achève de déchirer leurs entrailles ; elles
« répondent avec vivacité à leurs tendres caresses en
« songeant que c'est pour la dernière fois !!! Une
« d'elles venait d'accoucher sur la grève, les bour-
« reaux lui donnent à peine le temps de terminer ce
« grand travail ; ils avancent ; toutes sont amonce-
« lées dans la gabare, et, après les avoir dépouillées
« à nu, on leur attache les mains derrière le dos.
« Les cris les plus aigus, les reproches les plus
« amers de ces malheureuses mères se font entendre
« de toutes parts contre les bourreaux ; Fouquet,
« Robin et Lamberty, y répondaient à coups de sa-
« bre ; et la timide beauté, déjà assez occupée à cacher
« sa nudité aux monstres qui l'outragent, détourne
« en frémissant ses regards de sa compagne défigurée
« par le sang, et qui déjà chancelante vient rendre le
« dernier soupir à ses pieds. Mais le signal est donné,
« les charpentiers d'un coup de hache lèvent les sa-
« bords, et l'onde les ensevelit pour jamais. »

Nous n'en finirions pas si nous voulions montrer

toutes les horreurs de cette sinistre époque de *la Terreur* : il n'est pas un point de la France qui n'ait été rougi du sang des victimes.

Maintenant, laissons le loyal Châteaubriand stygmatiser tous ces cyniques écrivains qui essayent de réhabiliter les bourreaux de la Terreur :

« Que dans la fièvre révolutionnaire, il se soit trouvé
« d'atroces sycophantes engraissés de sang comme ces
« vermines immondes qui pullulent dans les voiries ;
« que des sorcières plus sales que celles de Macbeth
« aient dansé en rond autour du chaudron où
« l'on faisait bouillir les membres déchirés de la
« France, soit ; mais que l'on rencontre aujourd'hui
« des hommes qui, dans une société paisible et bien
« ordonnée, se constituent les meilleurs apologistes
« de ces brutales orgies, des hommes qui parfument
« et couronnent de fleurs le baquet où tombaient les
« têtes à couronne ou à bonnet rouge ; des hommes
« qui enseignent la logique du meurtre, qui se font
« maîtres ès-arts de massacre, comme il y a des pro-
« fesseurs d'escrime ; voilà ce qui ne se comprend
« pas. »

XII.

La patrie est en danger.

Oui, la patrie est en danger. Où allons-nous ? personne ne le sait. Les esprits les plus fermes et les plus clairvoyants tremblent sur l'avenir ; et quelquefois, pourquoi ne le dirions-nous pas ? nous craignons même que la France, qui descend chaque jour, ne finisse par être effacée du rang des grandes nations.

Des divisions profondes, des haines implacables éclatent parmi nous, les convictions s'affaiblissent ; le droit est méconnu ; la désorganisation est partout ; l'armée même, ce dernier rempart de la société est le but de tous les efforts des démagogues, qui ne reculent devant aucun moyen pour jeter le désordre au milieu d'elle.

Et ce qui montre d'une manière visible l'état effrayant des esprits, c'est que les doctrines les plus étranges, les plus absurdes, loin d'étonner, trouvent de nombreux adeptes : on dirait que l'humanité a perdu sa voie et qu'elle erre à l'aventure dans le pays des chimères.

Si jamais la société se rassied sur ses fondements, et que la raison reprenne son empire sur les intelligences, on ne voudra point croire aux aberrations de ce dix-neuvième siècle, qui se dit le siècle du progrès et des lumières, et que j'appelle, moi, *le siècle de la décadence morale.*

Prenons-y garde, mes amis, si cela continue, nous perdrons enfin ce qui nous reste des fortes et saintes croyances de nos pères, et avec elles la civilisation qu'elles avaient fondée.

Sans doute, le christianisme est impérissable; mais comme le soleil lorsqu'il s'enfonce derrière l'horizon pour éclairer d'autres mondes, il pourrait se retirer de nous et nous laisser dans les ténèbres. Cette nuit redoutable ne semble-t-elle pas descendre déjà sur nos têtes : le peuple ne voit plus le ciel, et bientôt il n'apercevra plus même les abîmes insondables qui s'ouvrent à ses pieds.

XIII.

Ce qu'il faut faire.

Pour que la France remonte vers ses destinées, il faut des résolutions viriles : il faut rompre à tout jamais avec l'esprit révolutionnaire; il faut que la nation rentre dans ses voies traditionnelles. Il faut que le droit soit respecté partout, en haut comme en bas. Des obstacles nombreux, redoutables, s'opposent à la réalisation de ces idées. Mais assez longtemps la France s'est agenouillée devant le fait accompli. Qu'elle dicte enfin souverainement sa volonté, et il en sera des révolutionnaires comme de ces oiseaux de nuit qui cessent leurs cris devant la splendeur du soleil.

Maintenant, mes amis, l'avenir est entre vos mains. Que chacun de nous le prépare en devenant meilleur. — Repoussons énergiquement les fausses doctrines, mais ne haïssons personne. — Ramenons doucement ces pauvres ouvriers égarés que leurs souffrances rendent accessibles à l'erreur. — Associons-nous pacifiquement pour nous entr'aider dans les moments difficiles de la vie. — Ne soyons insensible à aucune souffrance. — Et surtout n'oublions point que si nous voulons faire quelque chose de durable, il faut l'établir sur des bases religieuses.

Alors, soyez-en sûr, la paix renaîtra dans notre pays, et avec elle reviendront la prospérité, le bonheur; et la France rentrera enfin dans les conditions de sa grandeur. Tranquille sur le foyer éteint des révolutions, elle reprendra sa place à la tête des nations, et son bras puissant s'étendant sur le monde, relèvera partout le droit écrasé sous la force.

Vous ne voyez guère, mes amis, des pages semblables à celles que vous venez de lire, se terminer par une prière; mais mieux vaut, n'est-ce pas, donner un bon exemple que d'en suivre un mauvais. Je dis donc :

Daignez, mon Dieu, jeter un regard paternel sur ce peuple qui s'appelait autrefois très chrétien. Depuis soixante ans il s'enfonce dans les abîmes révolutionnaires. Il s'agite incessamment, et dans ses mouvements fébriles, il ébranle le monde. Prenez-le en pitié, mon Dieu, à cause des vertus de ses pères. Faites enfin luire votre lumière devant lui. Rendez-lui la paix, et rétablissez l'union entre tous ses enfants. A quoi sert à ce peuple son unité politique, son unité de langage si les divisions effacées de provinces, sont remplacées par les divisions bien plus profondes de classes et de partis. Son unité ne sera puissante, Seigneur, que lorsque vous l'aurez amenée dans les âmes. — Daignez donc, mon Dieu, écouter cette prière du plus humble de vos enfants à qui s'uniront tant d'autres de ses frères.

Imp. de Gustave Gratiot, rue de la Monnaie, 11.

www.ingramcontent.com/pod-product-compliance
Lightning Source LLC
Chambersburg PA
CBHW061144050726
47594CB00005B/2303